Ingo Siegner
Der kleine Drache Kokosnuss
Die besten Witze
aus der Drachenschule

DER AUTOR

Ingo Siegner, 1965 geboren, wuchs in Großburgwedel auf. Schon als Kind erfand er Geschichten. Später brachte er sich das Zeichnen bei. Mit seinen Büchern vom kleinen Drachen Kokosnuss, die in viele Sprachen übersetzt sind, eroberte er auf Anhieb die Herzen der jungen Leser und Leserinnen. Ingo Siegner lebt und arbeitet als Autor und Illustrator in Hannover.

Von Ingo Siegner sind als cbj Taschenbuch erschienen:

Der kleine Drache Kokosnuss und das Geheimnis der Mumie (22557)
Der kleine Drache Kokosnuss kommt in die Schule (22534)
Der kleine Drache Kokosnuss reist in die Steinzeit (22558)

Als cbj Hardcover sind erschienen:

Der kleine Drache Kokosnuss kommt in die Schule (12716)
Der kleine Drache Kokosnuss – Hab keine Angst! (12806)
Der kleine Drache Kokosnuss und der große Zauberer (12807)
Der kleine Drache Kokosnuss und der schwarze Ritter (12808)
Der kleine Drache Kokosnuss – Schulfest auf dem Feuerfelsen (12941)
Der kleine Drache Kokosnuss und seine ersten Abenteuer (17566)
Der kleine Drache Kokosnuss feiert Weihnachten (17565)
Der kleine Drache Kokosnuss und die Wetterhexe (12942)
Der kleine Drache Kokosnuss und die wilden Piraten (13437)
Der kleine Drache Kokosnuss im Spukschloss (13039)
Der kleine Drache Kokosnuss und der Schatz im Dschungel (13645)
Der kleine Drache Kokosnuss und das Vampir-Abenteuer (13702)
Der kleine Drache Kokosnuss und das Geheimnis der Mumie (13703)
Der kleine Drache Kokosnuss und die starken Wikinger (13704)
Der kleine Drache Kokosnuss auf der Suche nach Atlantis (15280)
Der kleine Drache Kokosnuss bei den Indianern (15281)
Der kleine Drache Kokosnuss im Weltraum (15283)
Der kleine Drache Kokosnuss reist in die Steinzeit (15282)
Der kleine Drache Kokosnuss – Schulausflug ins Abenteuer (15637)
Der kleine Drache Kokosnuss bei den Dinosauriern (15660)
Der kleine Drache Kokosnuss und der geheimnisvolle Tempel (15829)
Der kleine Drache Kokosnuss und die Reise zum Nordpol (15863)
Der kleine Drache Kokosnuss bei den Dinosauriern (17094)
Der kleine Drache Kokosnuss – Expedition auf dem Nil (15978)
Der kleine Drache Kokosnuss – Vulkan-Alarm auf der Dracheninsel (17303)
Der kleine Drache Kokosnuss bei den wilden Tieren (17422)
Der kleine Drache Kokosnuss und der Zauberschüler (17569)

Ingo Siegner

Der kleine Drache Kokosnuss
Die besten Witze
aus der Drachenschule

 Dieses Buch ist auch als E-Book erhältlich.

MIX
Papier aus verantwor-
tungsvollen Quellen
FSC
www.fsc.org
FSC® C005833

Verlagsgruppe Random House FSC® N001967

1. Auflage 2019
Originalausgabe März 2019
© 2019 cbj Kinder- und Jugendbuchverlag
in der Verlagsgruppe Random House GmbH
Neumarkter Straße 28, 81673 München
Alle Rechte vorbehalten
Artwork und Design: Alfred Dieler, Darmstadt
Umschlagkonzeption: basic-book-design,
Karl Müller-Bussdorf
Redaktion: Almut Schmidt, München
hf · Herstellung: UK
Satz und Reproduktion: Lorenz & Zeller, Inning a. A.
Druck: Těšínská tiskárna, a. s., Český Těšín
ISBN: 978-3-570-31213-1
Printed in the Czech Republic

www.drache-kokosnuss.de
www.cbj-verlag.de
www.youtube.com/drachekokosnuss

Inhalt

Weg mit den Lehrern –
freie Sicht zur Tafel!

In der Deutschstunde klopft Lehrer Kornelius Kaktus auf das Lehrerpult und sagt mit gewichtiger Stimme:»Ich bitte jetzt um drei Sekunden Aufmerksamkeit – Willi Wackelbacke liest seine Hausaufgaben vor.«

Im Sachkundeunterricht fragt Lehrerin Proselinde die Klasse:»Was ist für uns auf der Dracheninsel wichtiger, die Sonne oder der Mond?« Kokosnuss meldet sich:»Natürlich der Mond – der leuchtet nachts, wenn es dunkel ist. Am Tag ist es ja sowieso hell!«

Erdkunde in der dritten Klasse. »Was ist näher an der Dracheninsel – der Mond oder Russland?«, fragt Kornelius Kaktus.

»Ich glaube, der Mond«, sagt Oskar. »Den sehe ich nämlich manchmal, Russland sehe ich nie.«

Beim Mittagessen erzählt Oskar ganz stolz: »Dr. Blumenkohl hat mich heute in der Physikstunde mit Albert Einstein verglichen!«

Papa Herbert staunt. »Na, das ist aber eine große Ehre! Was hat er denn genau gesagt?«

»Er sagte: Einen Albert Einstein werden wir aus dir wohl nicht machen können.«

Liebe Zita Zitterbein, kannst du mir etwas über Schillers Werke sagen?«, bittet Kornelius Kaktus in der Deutschstunde.

Das Drachenmädchen denkt angestrengt nach.

»Keine Ahnung«, sagt sie schließlich zögerlich, »das muss ein großer Betrieb sein?«

Dr. Blumenkohl rauft sich seine spärlichen Haare. »Es ist zum Verzweifeln«, schimpft er mit Patetikus. »Jetzt üben wir schon seit Ewigkeiten, und du kannst das Einmaleins immer noch nicht. Wenn du eine Fliege verschlucken würdest, hättest du mehr Verstand im Magen als im Kopf!«

Am Montag treffen sich Kokosnuss und Oskar morgens vor der Schule.

»Ob unsere Fluglehrerin wohl heute noch krank ist?«, fragt Kokosnuss.

Oskar zuckt mit den Schultern. »Hoffen wir das Beste!«

Dr. Blumenkohl hat einen unglaublichen Rede-
bedarf«, seufzt Willi Wackelbacke. »Heute wollte
er mich schon wieder sprechen.«

Lehrerin Proselinde möchte heute über ein
schwieriges Thema reden.
»Wer hat denn eine Idee, was man unter dem
›Nichts‹ versteht?«
Matilda meldet sich aufgeregt. »Ich weiß es:
›Nichts‹ ist, wenn man von einem Luftballon die
Gummihaut entfernt!«

Der letzte Tag des Halbjahres. Dr. Blumenkohl ist mit den Zeugnissen überhaupt nicht zufrieden. »Wenn ihr euch nicht mächtig anstrengt, werden zum Schuljahresende 60 Prozent durchfallen!«, schimpft er.

Vorsichtig wirft Duftikus ein: »Aber so viele sind wir doch gar nicht …«

Dagobert Dideldum starrt auf die Mathearbeit, die er gerade zurückbekommen hat. Auf dem Blatt wimmelt es nur so von roten Korrekturen. Empört sagt er zu Dr. Blumenkohl: »Ich finde nicht, dass ich für meine Arbeit eine Sechs verdient habe!«

Dr. Blumenkohl nickt. »Da bin ich ganz deiner Meinung, aber das ist leider die schlechteste Note, die ich vergeben kann.«

Ein neuer Feuerdrache ist in die Drachenschule gekommen. Er wird auf den letzten freien Platz neben Willi Wackelbacke gesetzt. Nach einer Weile fragt er seinen schläfrigen Sitznachbarn flüsternd: »Wann habt ihr denn große Pause?« Willi blinzelt nur müde. »Nie ... wir schlafen durch.«

Gut gelaunt startet Kornelius Kaktus die Geschichtsstunde.
»Matilda, was weißt du über die alten Griechen?«, fragt er.
Das Stachelschweinmädchen überlegt und sagt:
»Ich glaube, die sind alle tot.«

Patetikus Pudelmütz kommt mit einem Zeugnis nach Hause, in dem es von Fünfen und Sechsen nur so wimmelt. Seine Eltern sind entsetzt. Bevor sie ihn schimpfen, fragt Patetikus: »Woran könnte das liegen? Mal ganz ehrlich – sind es Umwelteinflüsse oder Erbfaktoren?«

Das männliche Gehirn ist etwas größer als das der Frau«, erklärt Proselinde. »Was lernen wir daraus?«
»Dass die Größe keine Rolle spielt«, antwortet Matilda wie aus der Pistole geschossen.

Als Duftikus Dickbauch nach Hause kommt, erwartet ihn sein wütender Vater.
»Dr. Blumenkohl hat angerufen und sich schon wieder über dich beschwert!«
Duftikus sieht ihn ratlos an. »Das ist aber komisch. Heute war ich doch gar nicht da …«

Wie viel ist drei mal drei?«, fragt Kornelius Kaktus die Klasse.

Kokosnuss meldet sich. »Das ergibt sieben.«

Kornelius schüttelt den Kopf. »Wie wäre es mit neun?«

Stirnrunzelnd sieht Kokosnuss ihn an. »Sind wir hier in der Schule oder auf einem Basar?«

In der Drachenschule lernen die Schüler heute alles über Erste Hilfe. Nach ihrem Vortrag fragt Lehrerin Proselinde: »Kokosnuss, was würdest du tun, wenn deine Oma auf der Straße einen Hitzschlag erleidet?«

Eifrig erwidert Kokosnuss: »Ich lege sie in den Schatten und mache sie kalt!«

Dagobert kommt mit einem blauen Auge aus der Schule nach Hause. Seine Mutter ist entsetzt. »Hast du dich etwa schon wieder geprügelt? Ich habe dir doch gesagt, dass du, wenn du wütend wirst, immer erst bis zehn zählen sollst.«
»Habe ich doch gemacht«, antwortet Dagobert. »Aber die Mutter meines Gegners hat wohl gesagt, er soll nur bis fünf zählen.«

Am letzten Schultag kommt Fressdrache Oskar traurig mit seinem Zeugnis nach Hause. Papa Herbert springt erwartungsvoll auf, als sein Sohn durch die Haustür tritt. Oskar winkt ab. »Bleib ruhig sitzen, Papa, ich tue es auch.«

Ungeduldig trommelt Dr. Blumenkohl auf den Tisch von Willi Wackelbacke. »Meine Frage bereitet dir wohl Schwierigkeiten, was?«, bohrt er nach.

Willi schüttelt den Kopf. »Die Frage nicht, aber die Antwort.«

Die Dose mit den Süßigkeiten in der Schulhöhle ist geplündert worden. Der Verdacht fällt auf Duftikus Dickbauch.

»Das Haltbarkeitsdatum der Schokolade war fast abgelaufen«, verteidigt er sich. »Da habe ich sie schnell aufgegessen, um die anderen Drachenkinder zu schützen!«

Putztag in der Drachenschule. Etwas lustlos beginnen die Drachenkinder mit der Arbeit. Als Lehrer Kornelius Kaktus herumgeht, entdeckt er in einer Ecke noch einige Spinnweben.
»Die habe ich extra hängen lassen, damit wir im Sommer weniger Insekten im Klassenzimmer haben«, erklärt Kokosnuss eilig.

Wenn du es blöd findest, dass ich die Füße auf den Tisch lege, musst du mit Dr. Blumenkohl reden«, erklärt Oskar seiner Mutter. »Als ich heute in der Schule die Füße auf den Tisch gelegt habe, hat er gesagt, dass ich das gefälligst zu Hause machen soll.«

Dr. Blumenkohl macht mit der Klasse ein paar Experimente.
»Wer kann mir denn eine Flüssigkeit nennen, die bei Kälte nicht gefriert?«
Zita Zitterbein meldet sich. »Warmes Wasser!«

Hör mal, Oskar«, sagt Kornelius Kaktus, als er die Aufsätze zurückgibt, »deine Handschrift ist kaum zu entziffern. Streng dich in Zukunft bitte an, deutlicher zu schreiben!«

Murmelt Oskar leise: »Ja, ja, und dann schimpfen Sie über meine Rechtschreibfehler.«

Erst fünf Minuten nach dem Gong stürzt Oskar in die Schulhöhle. Kornelius sieht ihn streng an. Stotternd trägt Oskar seine Entschuldigung vor: »Mein Goldfisch hat sich die Flosse gebrochen, weil er über eine Wasserpflanze gestolpert ist. Da musste ich ihn zum Arzt bringen …«

Dr. Blumenkohl will die Biologiestunde besonders anschaulich machen und stellt sich mitten im Unterricht auf den Kopf.

»Jetzt strömt immer mehr Blut in meinen Kopf«, erklärt er. »Wenn ich mich wieder auf die Füße stelle, passiert das nicht. Was sagt ihr, warum das so ist?«

Kokosnuss meldet sich. »Weil Ihre Füße nicht hohl sind.«

Eine Känguru-Mutter hüpft durch die Große Wüste. Aus ihrem Beutel guckt ein kleiner Pinguin, verdreht die Augen und stöhnt: »Nie mehr Schüleraustausch!«

Schüler-Kauderwelsch

Blumento-Pferde
Blumentopferde

Cuclefant, densias.
Kuh Klee fand, den sie aß.

Mutte runda nelies
Mutter und Annelies

Diecurentum seerum.
Die Kuh rennt um See rum.

Leise cräteran.
Leise kräht der Hahn.

Sagt der Walfisch zum Thunfisch: »Was soll ich
tun, Fisch?«
Sagt der Thunfisch zum Walfisch: Du hast die
Wahl, Fisch.«

Morgenstund ist ungesund

Sorgenvoll denkt Willi Wackelbacke an die Erdkundearbeit, die sie heute geschrieben haben. Er betet:»Lieber Gott, du kannst doch alles! Bitte mach Berlin zur Hauptstadt von Spanien. Dann wird es vielleicht keine Fünf.«

Am Abend brütet Oskar immer noch über seinen Hausaufgaben.
»Soll ich dir helfen?«, bietet Papa Herbert an. Oskar winkt ab.»Nein, danke, ich will in der Schule nicht noch mehr Ärger bekommen.«

Kann mir einer sagen, woher der Tau am Morgen
kommt?«, fragt Lehrerin Proselinde. Die Schüler
überlegen lange. Dann meldet sich Zita: »Vielleicht dreht sich die
Erde nachts so schnell, dass sie ins Schwitzen
kommt.«

Als die Drachenkinder nach der Pause zurück in
die Schulhöhle kommen, ist Kornelius Kaktus
noch nicht da. Sie sehen sich um und entdecken
eine Nachricht an der Tafel: »Ich bin in fünf
Minuten wieder da. Falls nicht, lest die Nachricht
einfach noch mal. Euer Lehrer Kornelius.«

Warum bist du eigentlich so schlecht in Mathe?«,
will Mama Adele von Oskar wissen.
»Ich weiß auch nicht«, seufzt der. »Mathe klingt
für mich immer so: Zwei Goldfische wandern
durch die Wüste. Einer ist rot, der andere dünn.
Wie viel wiegt die Palme, wenn es regnet?«

Matilda ist entsetzt. »Stell dir vor«, erzählt sie
Kokosnuss, »unsere neue Kunstlehrerin weiß nicht
mal, wie ein Kamel aussieht!«
Kokosnuss sieht sie verwundert an. »Wie kommst
du denn darauf?«
»Na ja, ich habe heute im Unterricht eins gemalt,
und sie hat mich gefragt, was das sein soll.«

Kokosnuss belauscht in der Pause eine Unter-
haltung zwischen zwei kleinen Drachenschülern.
»Schlafen Fische eigentlich auch?«, fragte der eine.
»Klar, wozu gibt's denn sonst ein Flussbett«,
erwidert der andere.

Dagobert meldet sich: »Ich habe das doch richtig verstanden, was Sie in mein Heft geschrieben haben, ich solle mehr Feuer in meine Aufsätze legen, oder?«

Dr. Blumenkohl lächelt säuerlich. »Ich meinte es eigentlich genau umgekehrt. Du solltest mehr Aufsätze ins Feuer werfen.«

Lehrer Kornelius macht mit seiner Klasse einen Ausflug in die Fressdrachenberge. Während sie durchs Unterholz stapfen, erklärt er: »Pilze wachsen an feuchten Stellen im Wald.«

Die kleine Lulu nickt. »Darum sehen sie wahrscheinlich auch aus wie Regenschirme.«

Wie viel ist die Hälfte von sieben?«, will
Kornelius Kaktus von Willi Wackelbacke wissen.
»Also sagen wir mal so«, versucht Willi sich
rauszureden, »viel kann es nicht sein.«

Die Vorsilbe Un- bedeutet meist etwas
Schlechtes«, erklärt Dr. Blumenkohl, »zum
Beispiel bei Unfall, Unsinn, Unlust. Wer kann
mir noch ein Beispiel nennen?«
Kokosnuss: »Unterricht.«

Kornelius Kaktus hat mich heute in der Schule
ein paarmal so komisch angeschaut, als würde er
denken, ich hätte meine Hausaufgaben nicht
gemacht«, berichtet Kokosnuss beim Mittagessen.
»Und wie hast du darauf reagiert?«, will Mette
wissen.
»Ich? Ich habe ihn immer so angesehen, als ob ich
sie gemacht hätte.«

Kokosnuss und Oskar laufen gemeinsam von der Schule nach Hause. »Was hast du heute im Deutschaufsatz geschrieben?«, will Oskar wissen. »Mir ist nichts eingefallen, ich habe ein leeres Blatt abgegeben«, gesteht Kokosnuss. »Ging mir auch so, ich habe auch ein leeres Blatt abgegeben«, seufzt Oskar. Kokosnuss schüttelt den Kopf. »Oh nein, jetzt behauptet Kornelius Kaktus sicher wieder, wir hätten voneinander abgeschrieben!«

Dr. Blumenkohl will die Klasse fit machen für den nächsten Wandertag. Im Sportunterricht sollen sie sich auf den Rücken legen und mit den Beinen kräftig in der Luft strampeln, als würden sie Fahrrad fahren. Alle legen sich ins Zeug, nur Duftikus Dickbauch bewegt seine Beine keinen Millimeter. »Was ist los?«, fragt Dr. Blumenkohl. »Gib Gas!« »Sehen Sie's nicht?«, fragt Duftikus. »Ich fahre gerade rasend schnell bergab!«

Was habe ich heute eigentlich gelernt?«, fragt
Matilda.
»Das ist aber eine dumme Frage«, sagt Lehrerin
Proselinde.
Matilda nickt. »Finde ich auch, aber zu Hause
fragen sie das ständig.«

Mama, darf ich heute zu Hause bleiben?«, fragt Oskar morgens am Frühstückstisch. »Ich fühle mich nicht wohl.«

»Wo denn?«, fragt Adele besorgt.

»In der Schule«, erwidert Oskar treuherzig.

Kiki, hattest du auch so eine schlimme Grippe wie deine kleine Schwester?«, erkundigt sich Fluglehrerin Emma mitfühlend.

»Noch viel schlimmer«, stöhnt Kiki. »Ich hatte sie in den Ferien.«

Ich will Ihnen ja keine Angst machen«, sagt Oskar zu Dr. Blumenkohl. »Aber mein Vater sagt, wenn ich dieses Jahr wieder so ein schlechtes Zeugnis nach Hause bringe, könnte sich jemand auf was gefasst machen.«

Wer kann mir ein Beispiel für einen glücklichen Zufall nennen?«, fragt Proselinde.
Titas Finger schnellt in die Höhe. »Mein Vater und meine Mutter haben zufällig am gleichen Tag geheiratet!«

Dr. Blumenkohl versucht zu erklären, wie groß die Weltbevölkerung mittlerweile ist. »Wusstet ihr, dass bei jedem Atemzug, den ich mache, ein Mensch stirbt?«
»Haben Sie es schon mal mit Mundwasser versucht?«, ruft Kokosnuss.

Kommst du auch bald in die Schule?«, fragt Kokosnuss die kleine Schwester von Lulu Langhals. Die schüttelt den Kopf. »Nein, was soll ich da, ich kann ja nicht lesen und schreiben.«

Fluglehrerin Emma ist an diesem Morgen etwas genervt von Anna Achterbahn.
»Warum antwortest du eigentlich auf jede Frage von mir mit einer Gegenfrage?«
Verwundert sieht Anna sie an. »Tue ich das?«

Am letzten Schultag vor den Ferien besucht Kokosnuss Opa Jörgen und Oma Aurelia.
»Da ist ja mein lieber Enkel«, freut sich Aurelia.
»Und, wie ist dein Zeugnis ausgefallen?«
Kokosnuss winkt ab. »Ist nicht so wichtig, Oma. Hauptsache, wir sind alle gesund.«

Patetikus, was fällt dir eigentlich ein, während des Lernens zu essen?«, fragt Kornelius streng.
»Aber ich lerne doch gar nicht«, erwidert Patetikus.

Kornelius Kaktus versucht, das Minusrechnen zu erklären.
»Stell dir vor, du hast 33 Möhren, und ich nehme dir 10 weg. Was macht das?«, fragt er Oskar.
»Gar nichts, ich mag nämlich keine Möhren«, erwidert Oskar.

Kokosnuss, Oskar und Matilda stehen nach Unterrichtsende noch draußen vor der Schulhöhle herum, weil sie ein heimliches Abenteuer planen. Da kommt Dr. Blumenkohl vorbei. »Was machst du hier?«, fragt er Kokosnuss.
»Ich? Ach, nix«, erwidert der ausweichend.
»Und du?«, wendet Dr. Blumenkohl sich an Oskar.
»Ich guck zu«, antwortet der.
»Und was hast du hier verloren?«, fragt der Direktor schließlich Matilda.
»Ich helfe den beiden«, erklärt das Stachelschwein-mädchen.

Kornelius will der Klasse an einem Beispiel das Bruchrechnen erklären.
»Für einen Kuchenteig nehmt ihr zwei Drittel Mehl, ein Drittel Milch und ein Drittel Eier …«
»Aber das sind doch vier Drittel«, wirft Matilda ein.
»Egal«, sagt Kornelius unwirsch, »dann nimmst du eben einen größeren Topf.«

Fluglehrerin Emma ist mit ein paar Drachen-
kindern in die Drachenbucht gegangen, um mit
ihnen das Schwimmen zu üben.
Nach einiger Zeit bittet Lulu: »Können wir jetzt
aufhören?«
»Wieso? Hast du schon keine Lust mehr?«, fragt
Emma.
»Doch, schon«, sagt Lulu. »Aber ich kann wirklich
nichts mehr trinken.«

Zita Zitterbein bohrt gedankenverloren in der Nase. Lehrerin Proselinde sieht sie streng an.

»Zita, man bohrt nicht mit dem Finger in der Nase!«

Verwundert blickt Zita auf. »Mit was denn sonst?«

In der Deutschstunde schreibt Proselinde einen Merksatz an die Tafel: Alle Fragewörter fangen mit »W« an!

Meldet sich Kokosnuss: »Echt?«

Patetikus hat Schnupfen und geht zum Inselarzt Markus Medikus. Der gibt ihm ein Fläschchen mit Medizin.

»Hat die irgendwelche Nebenwirkungen?«, fragt Patetikus.

Markus nickt. »Ja, du kannst morgen schon wieder in die Schule gehen.«

Scherz lass nach

Warum dauern die Sommerferien eigentlich sechs Wochen und die Winterferien nur zwei Wochen?«, fragt Matilda.
»Ist doch klar«, sagt Kokosnuss. »Bei Hitze dehnt sich alles aus, bei Kälte zieht es sich zusammen.«

Wie stellst du dir die ideale Schule vor?«, will Kokosnuss wissen.
»Geschlossen«, grinst Oskar.

Welche Schlange kriecht nicht, beißt nicht und hat auch keine Giftzähne?«, fragt Matilda.
»Logisch: die Luftschlange«, antwortet Kokosnuss.

Welches Tier versteckt sich im Kaffee?«, will Gunda wissen.
»Der Affe – ist doch leicht«, sagt Zita.

Kokosnuss: »Was steht im Wald, hat ein Geweih auf dem Kopf und macht Muh?«
Matilda: »Ein Hirsch, der Fremdsprachen kann!«

Sieben Heuhaufen und elf Heuhaufen werden zusammengetragen. Wie viele Heuhaufen ergibt das?«, fragt Oskar.

»Einen Heuhaufen«, lacht Kokosnuss.

Willi: »Wie kommt eine Ameise über den Fluss?«
Patetikus überlegt angestrengt, weiß es aber nicht.
»Sie nimmt das A weg und fliegt als Meise darüber!«, erklärt Willi.

Warum können Geister so schlecht lügen?«, fragt Gerd, Kokosnuss' Geisterfreund.
Kokosnuss lacht. »Tja, weil sie leicht zu durchschauen sind.«

Was ist rot und schlecht für die Zähne?«, fragt Dagobert und antwortet gleich selbst:
»Ein Ziegelstein.«

Warum können Lehrer so schlecht schwimmen?«, fragt Gunda.
»Ich weiß es« ruft Gisa. »Weil sie jeder Sache auf den Grund gehen müssen.«

Manche Monate haben 30 Tage, andere 31. Wie viele haben 28 Tage?«, will Kokosnuss von Dagobert wissen. Der zuckt die Schultern.
»Na, alle«, erklärt Kokosnuss.

Was macht kcat kcit?«, fragt Oskar.
»Was wohl«, erwidert Matilda. »Eine Uhr im Rückwärtsgang.«

Was ist grün und dreieckig?
Ein grünes Dreieck.

Was ist grau und dreieckig?
Der Schatten vom grünen Dreieck.

Was ist flüssiger als Wasser?«, will Kokonuss
wissen.
Oskar antwortet wie der Blitz: »Hausaufgaben.
Sie sind überflüssiger.«

Kokosnuss: »Was ist der gefährlichste Tag für
ein U-Boot?«
»Der Tag der offenen Tür«, sagt Matilda lachend.

Wie nennt man jemanden, der so tut, als würde
er etwas werfen?«, fragt Oskar. Kokosnuss: »Einen
Scheinwerfer.«

Treffen sich eine Neun und eine Sechs. Sagt die Sechs: »Hey, wieso machst du einen Kopfstand?«

Was ist weiß und rollt den Berg hoch?«, will Matilda wissen.
Kokosnuss überlegt kurz. »Eine Lawine mit Heimweh.«

Matilda fällt auch gleich die nächste Frage ein: »Was frisst Karotten und hält die Höhle warm?« »Ein Kaminchen!«, ruft Oskar.

Was ist schwerer: eine Tonne Federn oder eine Tonne Steine?«, fragt Anna listig.
Aber Matilda kann sie damit nicht hinters Licht führen.
»Beides ist natürlich gleich schwer. Eine Tonne ist eine Tonne«, antwortet das kluge Stachelschwein-mädchen.

Witzigkeit kennt keine Grenzen – die lustigsten (Drachen-)Witze

Ein blauer und ein gelber Elefant sitzen auf einem Baum. Da kommt ein rot gestreiftes Zebra vorbeigeflogen. Sagt der blaue Elefant zum gelben: »Ts, Sachen gibt's …«

Zwei Erbsen rollen einen Gang entlang. Plötzlich ruft die eine aufgeregt: »Pass auf, da vorne kommt eine Trep … pe … pe … pe … pe … pe … pe … pe!«

Duftikus und Dagobert wollen eine Holzhütte bauen. Sie suchen Bretter, Werkzeug und Nägel zusammen und legen los. Nach einer Weile fällt Dagobert auf, dass Duftikus ziemlich seltsam arbeitet. Er nimmt zwei Nägel aus der Packung, schaut sie an und wirft sie fort. Dann holt er einen anderen Nagel heraus und schlägt ihn ein. Den nächsten wirft er wieder fort.

»Was machst du da?«, fragt Dagobert. »Das sind doch neue Nägel, wieso wirfst du die Hälfte davon weg?«

»Ich weiß, dass die neu sind«, erwidert Duftikus, »aber einige zeigen in die falsche Richtung.«

Darauf Dagobert: »Du Idiot … die sind doch für die andere Seite der Hütte.«

Drei Drachenkinder dürfen in einen See springen und sich dabei von einer guten Fee etwas wünschen. Das erste läuft los, ruft »Süßigkeiten«, springt rein und schwimmt in süßen Leckereien. Das zweite läuft an, sagt »Gold« und landet in einem See aus Goldstücken. Schließlich ist das dritte Drachenkind an der Reihe. Es rennt los, stolpert über einen Stein, ruft »Mist« und klatscht in den See …

Kiki muss beim Frühjahrsputz der Drachenhöhle helfen. Sie schleppt den Wohnzimmerteppich nach draußen und hängt ihn über einen Ast, um ihn auszuklopfen.

»Du musst schon etwas stärker klopfen!«, ruft ihre Mutter von drinnen.

»Aber dann staubt es so«, erwidert Kiki.

Oskar wünscht sich zum Geburtstag ein Schlagzeug. Papa Herbert ist dagegen.

»Ich habe wirklich keine Lust, mir den ganzen Nachmittag den Krach anzuhören.«

Oskar beschwichtigt ihn. »Keine Sorge. Ich übe nur, wenn du deinen Mittagsschlaf machst.«

Treffen sich zwei Magnete. »Und, wie geht's dir heute so?«, fragt der eine.
Der andere blickt betrübt. »Nicht so gut. Ich weiß nicht, was ich anziehen soll …«

Weil ihre Mutter so viel Arbeit hat, übernehmen Kiki und ihre Schwester heute den Abwasch. Da fällt der kleinen Schwester die hübsche Teekanne auf den Boden. Sie zerspringt in tausend Stücke.
»Das musst du Mama irgendwie beibringen«, sagt Kiki besorgt.
Die Schwester guckt unglücklich. »Kannst du das nicht machen? Schließlich kennst du sie schon ein paar Jahre länger als ich.«

Kokosnuss besucht seinen Eskimofreund in Grönland. Sie halten ein Schwätzchen in der weiten Eiswüste.

Plötzlich sieht Kokosnuss in die Ferne und fragt: »Ich kann dein Iglu gar nicht sehen, bist du umgezogen?«

Der Freund schlägt sich erschrocken mit der Hand vor die Stirn.

»Mist, ich habe vergessen, das Bügeleisen auszuschalten.«

Triceratops Schmatzo ist echt faul«, erzählt Kokosnuss seinem Freund Oskar. »Sogar zu faul zum Kaffeekochen. Weißt du, was er morgens macht? Er nimmt einfach Kaffeepulver in den Mund und schüttet heißes Wasser nach.«

Kiki versucht ihrer kleinen Schwester beim Mittagessen den Appetit zu verderben.
»Guck mal, in deiner Suppe schwimmt eine tote Fliege«, stichelt sie.
Die Kleine löffelt ungerührt weiter. »Quatsch, tote Fliegen können gar nicht schwimmen.«

Nach der Schule wird Gisa Gießkanne von ihrem Vater abgeholt.
»Du hast heute ein kleines Brüderchen bekommen«, erklärt er.
Gisa strahlt. »Oh, toll. Das muss ich nachher unbedingt Mama erzählen.«

Als Lulus Mama am Abend nach Hause kommt, wird sie von Lulus kleiner Schwester mit vielen Küsschen und Umarmungen empfangen.
»Na, so eine Begrüßung wünsche ich mir von dir auch mal«, sagt die Mutter zu Lulu.
Die zuckt mit ihren Schultern. »Ich habe ja auch nicht deine Lieblingsvase runtergeworfen.«

Kokosnuss muss sein Zimmer putzen. Nach einer halben Stunde geht er zu Mette und holt einen Besen.
»Mama, stimmt es, dass man nach dem Tod zu Staub zerfällt?«, fragt er Mette.
Die nickt. »Ja, das stimmt.«
»Ich glaube, dann ist unter meinem Bett jemand gestorben«, sagt Kokosnuss.

Mama«, ruft Oskar zu Adele in die Küche, »ist es nicht bald Zeit fürs Mittagessen?«

»Nein, bis dahin dauert es fast noch eine Stunde«, erwidert Adele.

»So was«, wundert sich Oskar, »dann geht mein Magen heute ganz schön vor.«

Oskar ist beim Spielen gegen eine Höhlenwand gerannt.

»Oh nein!«, ruft die Mutter entsetzt, als sie ihren Sohn sieht. »Du hast ja einen Zahn verloren!«

»Nein, keine Sorge, den habe ich hier in der Tasche«, beruhigt Oskar sie.

Oskar will für seine Mama Adele zum Geburtstag etwas kochen. Schon seit Stunden hantiert er in der Küche.

»Dauert es noch lange?«, fragt Adele irgendwann vorsichtig.

»Gleich, Mama«, ruft Oskar, »ich muss nur noch drei Zeilen aus dem Kochbuch kochen.«

Nach zwei Jahren Klavierunterricht spielt Patetikus heute seiner Oma zum ersten Mal etwas vor.

»Das ist ja ganz toll!«, ruft die danach überschwänglich.

»Ach, so schwierig ist das gar nicht«, sagt Patetikus. »Man muss nur die richtigen Tasten zur richtigen Zeit drücken.«

Kikis kleine Schwester will wissen, wie spät
es ist.
»In zehn Minuten ist es eins«, antwortet Kiki.
»Du sollst mir doch sagen, wie spät es jetzt ist!«,
sagt die Kleine.

Als Kiki und ihre Schwester vom Spielen zurück-
kommen, sagt ihre Mutter: »In der Küche stehen
noch zwei Stücke Kuchen, die dürft ihr essen.«
Kurz darauf hört sie Geschrei aus der Küche.
»Könnt ihr beiden eigentlich nie einer Meinung
sein?«, ruft sie genervt.
»Sind wir doch«, schreit Kiki zurück, »wir wollen
beide das größere Stück.«

Willi hat seinen Regenschirm verloren.
»Wann hast du denn gemerkt, dass er weg ist?«,
fragt seine Mutter, um seinem Gedächtnis auf die
Sprünge zu helfen. Willi denkt nach.
»Das war, als ich ihn zumachen wollte, weil es
aufgehört hatte zu regnen.«

Oma Aurelia hat bald Geburtstag, und Mette
überlegt, was sie ihr schenken soll.
»Es sollte etwas sein, woran sie lange Freude hat«,
sagt Mette.
»Ich weiß was!«, ruft Kokosnuss. »Schenk ihr doch
ein Trampolin. Dann freut sie sich jeden Tag,
wenn sie es mir ausleihen kann.«

Das ist schön, dass du kommst«, begrüßt Oskar
seinen Onkel am Eingang der Drachenhöhle.
»Mama sagte eben, du hättest uns gerade noch
gefehlt.«

Schau bitte mal nach, wie viel Ketchup noch in der Tube ist«, bittet der Vater Duftikus. Eine Weile hört er nichts von seinem Sohn. Schließlich ruft er: »Und?«
»Es reicht noch vom Schrank bis zur Tür«, kommt es aus der Küche.

Stimmt es eigentlich, dass man Pech hat, wenn einem eine schwarze Katze über den Weg läuft?«, will Lulus kleine Schwester wissen.
Lulu zuckt mit den Schultern. »Wenn man eine Maus ist, schon.«

Hast du gestern den Boxkampf der Champions gesehen?«, fragt Dagobert.

Patetikus nickt. »Aber der Sieger ist später disqualifiziert worden«, berichtet er. »Wegen seines Aberglaubens.«

Dagobert sieht ihn erstaunt an. »Das ist doch wohl seine Sache, wenn er abergläubisch ist.«

»Aber nicht, wenn er Hufeisen in seinen Handschuhen versteckt ...«

Halb so schlimm«, redet sich Willi Wackelbacke beim Fallschirmspringen Mut zu, denn sein Schirm hat sich noch nicht geöffnet. »Die zwei Meter bis zum Boden schaffe ich auch noch ohne.«

Willi und Patetikus machen ein Picknick in der Drachenbucht. Patetikus öffnet eine Sardinendose. »Schrecklich, diese Umweltverschmutzung«, sagt er kopfschüttelnd. »Alles voller Öl, und die Fische sind auch tot.«

Am Abend auf dem Sofa blättert Adele durch einen Modekatalog.

»Findest du eigentlich, dass Querstreifen dick machen?«, fragt sie Herbert.

Der blickt zerstreut von seiner Zeitung auf.

»Keine Ahnung, wer isst schon Querstreifen?«

Machst du eigentlich Sport?«, fragt Dagobert den rundlichen Duftikus.

»Ja, Bogenschießen«, erwidert der.

Bewundernd sieht Dagobert ihn an. »Wow, nicht schlecht, geradeaus schießen ist ja schon schwer genug.«

Kiki und ihre kleine Schwester haben sich vor dem Schlafengehen ordentlich gestritten. Im Bett fragt Kiki vorsichtig: »Schläfst du schon?«

»Sag ich nicht«, erwidert die Kleine wütend.

Tita und Zita spazieren durch den Klippenwald.

»Guck mal da, ein Ameisenhaufen«, sagt Tita.

Zita betrachtet den Hügel. »Sag mal, wie kann so ein winziges Tier eigentlich so einen großen Haufen machen?«

Magnus soll am Blinddarm operiert werden, aber in letzter Sekunde verdrückt er sich aus dem Krankenhaus.

»Warum sind Sie denn aus dem OP-Saal geflüchtet?«, will Medikus wissen.

»Die Schwester hat gesagt: ›Regen Sie sich nicht auf, das ist nur eine einfache Blinddarm-OP, das werden Sie schon schaffen‹«, antwortet Magnus.

»Und was ist daran so schlimm?«, fragt Medikus.

»Sie hat es nicht zu mir gesagt, sondern zum Chirurgen!«

Rate mal, wie viele Hühnerkeulen Tyrannosaurus Rex Knobi auf nüchternen Magen verdrücken kann«, sagt Kokosnuss zu Matilda.

Die überlegt kurz. »Bestimmt hundert«, sagt sie.

Kokosnuss lacht. »Falsch, nur eine Hühnerkeule. Dann ist er ja nicht mehr nüchtern.«

Mette braucht einen neuen Mantel. Im Modeladen findet sie schließlich einen, der ihr gefällt.
»Den können Sie zu jeder Jahreszeit tragen«, versichert die Verkäuferin.
»Auch bei warmem Wetter?«, fragt Mette.
»Natürlich«, erwidert die Verkäuferin, »dann tragen Sie ihn einfach über dem Arm.«

Opa Jörgen hat ein Hörgerät bekommen.
»So, jetzt höre ich wieder wie ein Luchs«, erzählt
er stolz.
»Was hat es denn gekostet?«, will Kokosnuss
wissen.
Opa Jörgen schüttelt lachend den Kopf. »Nein,
nein, das rostet nicht.«

Ich hätte gern drei Kilo Kartoffeln«, sagt Gunda
im Gemüseladen. »Aber geben Sie mir die
kleinen, die kann ich leichter tragen.«

Opa Jörgen und Oma Aurelia machen einen
Spaziergang durch den Klippenwald. Als sie eine
sonnige Lichtung erreichen, ruft Aurelia: »Hier ist
der perfekte Platz für unser Picknick!«
Opa Jörgen nickt ergeben. »Du hast recht, Schatz.
Tausend Ameisen können nicht irren.«

Oskar muss zu Hause ab und zu beim Abwasch helfen.

»Das würde mir im Traum nicht einfallen!«, ruft Patetikus voller Abscheu.

»Mir auch nicht«, sagt Oskar, »das war die Idee meiner Mutter.«

Fressdrache Herbert hat sich wegen Schlafproblemen von Markus Medikus behandeln lassen.

»Geht es jetzt wieder besser?«, will Medikus wissen.

»Nicht so richtig«, brummt Herbert. »Abends schlafe ich zwar früh ein, und morgens stehe ich spät auf – aber mittags liege ich oft stundenlang wach.«

Dein Husten hört sich heute schon viel besser an«, sagt Markus Medikus zu Kokosnuss.

Der verzieht das Gesicht. »Kein Wunder, ich habe ja auch die ganze Nacht geübt.«

Du guckst mir schon seit vier Stunden beim Angeln zu«, sagt Kokosnuss zu Oskar. »Willst du es nicht mal selbst versuchen?«
Oskar schüttelt entschieden den Kopf. »Nein, nein, dazu fehlt mir die Geduld!«

Ich habe dir doch gesagt, du sollst aufpassen, wann die Milch überkocht«, sagt Adele seufzend zu Oskar.
»Habe ich doch«, verteidigt sich der kleine Fressdrache. »Es war genau Viertel nach vier!«

Gut geraten, ist halb gewusst

Matilda malt im Kunstunterricht ein Bild.
Interessiert sieht Proselinde ihr über die Schulter.
»Was malst du denn da?«, will sie wissen.
»Einen Papagei«, erklärt Matilda.
»Da fehlt aber noch der Schnabel«, sagt
Proselinde.
Matilda nickt. »Stimmt. Der ist noch im Bleistift.«

Kornelius Kaktus gibt eine Rechenaufgabe. »Stellt
euch vor, ich lege hier auf den Tisch fünf Eier,
nehme drei wieder weg und lege dann noch mal
vier hin. Wie viele Eier habe ich dann?«
Sagt Tita erstaunt: »Toll, dass Sie Eier legen
können!«

Oskar sitzt auf seinem Stuhl und hält sich ein Ohr zu.

»Was machst du da?«, wundert sich Dr. Blumenkohl. »Hast du Ohrenschmerzen?«

»Nein, aber Sie sagen doch immer, was bei mir in ein Ohr reingeht, geht zum anderen Ohr wieder raus.«

Kornelius Kaktus fragt die Klasse, welche Fische sie schon kennen. Die Drachenkinder zählen auf:
»Scholle.«
»Hecht.«
»Aal.«
»Hering.«
»Fischstäbchen«, fügt Kiki noch hinzu.

Seid ihr Geschwister?«, fragt Proselinde, als sie Lulu am Nachmittag mit einem kleinen Drachenmädchen sieht, das ihr wie aus dem Gesicht geschnitten ist.
»Nein, wir sind Schwestern«, erklärt Lulu.

Nennt mir vier Mitglieder aus der Familie der Katzen«, bittet Kornelius.
»Papa Katze, Mama Katze und zwei Katzenkinder«, antwortet Kokosnuss.

Oskar, wie buchstabierst du ›Hubschrauber‹?«, fragt Emma.

»H U B S C H R A U B Ä R.«

Emma schüttelt den Kopf. »Im Wörterbuch steht aber ›H U B S C H R A U B E R‹.«

Oskar empört: »Sie wollten doch wissen, wie ich es buchstabiere!«

In Mathematik fragt Dr. Blumenkohl: »Wenn ich zehn Äpfel in der einen Hand und fünfzehn in der anderen hätte – was hätte ich dann?«

»Riesenhände!«, ruft Oskar.

Wie kannst du beweisen, dass die Erde rund ist?«, will Emma von Dagobert wissen.
Der wehrt hastig ab: »Das habe ich nie behauptet!«

Unterrichtsstunde über den Großen Dschungel.
»Haben Schlangen eigentlich einen Schwanz?«, will Zita wissen.
Kornelius nickt. »Selbstverständlich, das ist doch das Einzige, was sie haben.«

Fluglehrerin Emma schimpft mit Gunda: »Hast du denn keine Ohren? Wie oft muss ich dir noch sagen, dass du nicht ständig mit den Beinen zappeln sollst?«
Gunda sieht sie verwirrt an. »Und wie soll ich bitte mit den Ohren zappeln?«

Hat dein großer Bruder dir bei den Hausaufgaben geholfen?«, fragt Kornelius Kaktus streng. Patetikus sieht ihn treuherzig an. »Nein, die hat er ganz allein gemacht.«

In Sachkunde geht es um Ausweisdokumente. »Personalausweise müssen von Zeit zu Zeit verlängert werden«, erklärt Proselinde. »Wozu eigentlich?«, fragt Matilda. »Ich finde das Format ganz praktisch.«

Was ist schneller: der Windhund oder die Taube«, fragt Fluglehrerin Emma.
Kokosnuss: »Der Windhund natürlich – wenn beide zu Fuß gehen.«

Wie schreibt man deinen Nachnamen?«, will Kornelius Kaktus von Gisa wissen.
»Gießkanne, ohne ›f‹.«
»Ohne ›f‹?«, fragt Kornelius verwundert.
Gisa nickt.
»Aber Gießkanne schreibt man doch immer ohne ›f‹.«
Gisa nickt wieder eifrig. »Ja! Das sage ich ja die ganze Zeit.«

Ist es eigentlich schlecht, wenn man abends im Bett liest?«, will Kokosnuss von Proselinde wissen.
»Nicht unbedingt«, sagt die. »Aber du solltest immer nur bis zum Einschlafen lesen, nicht länger.«

Nach einem anstrengenden Schulmorgen in der Drachenhöhle ist Lehrer Kornelius Kaktus ziemlich geschafft.

»Wo ist denn bloß mein Bleistift?«, murmelt er und sieht sich suchend um.

»Hinter Ihrem Ohr«, hilft Kokosnuss.

»Hör mal«, erwidert Kornelius unwirsch, »ich habe keine Zeit zum Suchen. Hinter welchem Ohr?«

Mit der Rechtschreibung stehst du aber auf Kriegsfuß, Tita«, stellt Proselinde seufzend fest, als sie den Aufsatz zurückgibt. »Du könntest ruhig mal im Wörterbuch nachschlagen, wenn du Zweifel hast.«
»Ich habe aber nie Zweifel«, erwidert Tita seelenruhig.

Wisst ihr eigentlich, dass wir nur ein Drittel unseres Gehirns nutzen?«, doziert Dr. Blumenkohl.
»Wozu braucht man dann das andere Drittel?«, tönt es aus der letzten Reihe.

Nach dem Sportfest in der Drachenschule will
Dr. Blumenkohl wissen, ob jemand beim Fußball-
spiel gewesen sei.

»Ja, ich«, erklärt Duftikus.

»Und, wie ist das Spiel ausgegangen?«, will
Dr. Blumenkohl wissen.

»Wie immer: Pünktlich mit dem Schlusspfiff.«

»Nein, ich will wissen, wie viele Tore es gegeben
hat«, erklärt der Lehrer.

»Auch wie immer«, sagt Duftikus. »An jeder Seite
des Spielfelds eines.«

Wollen wir uns heute nach der Schule treffen?«,
fragt Anna das Stachelschwein Matilda.

»Ja! Sei bitte um drei in der Drachenbucht.«

»In Ordnung«, sagt Anna. »Und wann kommst
du?«

Matilda, wie viel ist 15 plus 8?«, will Kornelius wissen.

»23«, antwortet Matilda sofort.

»Prima«, lobt Kornelius. »Wie bist du darauf gekommen?«

»Ganz einfach«, erwidert Matilda. »Ich habe 500 minus 477 gerechnet.«

Im Vorraum der Schulhöhle ist ein neuer Garderobenhaken angebracht worden. Darüber hängt ein Schild: Für Lehrer.
Kurz Zeit später klebt ein Zettel darunter: Aber man kann auch Mäntel daran aufhängen.

Was ist ungefähr drei Zentimeter lang, grünlich und hat viele Haare?«, flüstert Kokosnuss seinem Freund Oskar zu, der in der Klasse vor ihm sitzt.
Oskar zuckt die Schultern. »Keine Ahnung.«
»Ich auch nicht, aber es krabbelt gerade deinen Rücken hoch.«

Du hast auf einer einzigen Seite über zwanzig Rechtschreibfehler gemacht. Erklär mir doch bitte mal, wie das passieren konnte«, sagt Kornelius Kaktus stirnrunzelnd.
Dagobert zuckt die Schultern. »Keine Ahnung. Mein Schulranzen stand die ganze Nacht über verschlossen neben meinem Bett.«

Kannst du rechnen?«, will die kleine Schwester
von Lulu wissen.
Das Drachenmädchen nickt.
Da tritt die Kleine ihr unvermittelt gegen das
Schienbein. »So, damit hast du nicht gerechnet«,
sagt sie zufrieden.

Dein Zeugnis lässt zu wünschen übrig«, seufzt
der Vater von Patetikus.
Der kleine Drache lächelt erfreut. »Wenn das so
ist, dann wünsche ich mir ein Ritterschwert.«

Das Aufsatzthema lautet: »Beschreibe, was du an
den Tagen der letzten Woche gemacht hast.« Als
Gisa am nächsten Tag ihr Heft abgibt, stehen nur
zwei Sätze drin: »Am Montag habe ich mit meiner
Mutter eine Suppe gekocht. Sie hat für Dienstag,
Mittwoch, Donnerstag, Freitag und das ganze
Wochenende gereicht.«

Kornelius trägt vor: »Ich gehe, du gehst, er geht, wir gehen, ihr geht, sie gehen. Oskar, kannst du mir sagen, was das bedeutet?«

»Tja, Ich würde sagen, jetzt sind alle weg!«

Kokosnuss, du kaust ja schon wieder Kaugummi«, stellt Proselinde ungehalten fest. »Ab in den Papierkorb!«

Fragt Kokosnuss: »Der Kaugummi auch?«

Beim Mittagessen erzählt Anna:»Mama, morgen haben wir keine Schule, weil Dr. Blumenkohl verreist!«

Die Mutter sieht sie verwundert an:»Das gibt es doch nicht, es sind gar keine Ferien! Wohin verreist er denn?«

Anna:»Keine Ahnung. Er hat nur gesagt: Schluss für heute! Morgen fahre ich fort!«

Duftikus und Willi unterhalten sich.

»Ich kann schneller rechnen als Kornelius«, prahlt Willi.

»Ach ja? Dann sag doch mal, wie viel 6 x 6 ist«, sagt Duftikus.

»16«, antwortet Willi sofort.

Duftikus schüttelt den Kopf.»Das ist total falsch!«

Willi zuckt mit den Schultern.»Kann sein, aber total schnell.«

Am ersten Schultag werden alle Drachenkinder vom Inselarzt Markus Medikus untersucht.
»Hast du schon mal Probleme mit deinen Ohren oder der Nase gehabt?«, will Markus von Lulu wissen.
Lulu schüttelt den Kopf. »Nur wenn ich einen Pullover anziehe.«

Die Drachenklasse schreibt ein Diktat. Irgendwann sieht Dr. Blumenkohl Zita scharf an. »Jetzt hast du schon zum vierten Mal auf das Heft deiner Nachbarin geguckt!«
Zita murmelt: »Was soll ich denn machen, wenn Anna so undeutlich schreibt …«

Keine Ahnung, wer die ganze Tafel vollgemalt hat«, sagt Oskar. »Ich war's jedenfalls nicht.«
Kornelius Kaktus hebt die Augenbrauen. »Das sagen alle.«
»Wenn es alle sagen, muss es doch stimmen«, sagt der kleine Fressdrache.

Willi kommt wieder mal zu spät zur Schule. Als Dr. Blumenkohl ein Donnerwetter loslässt, sieht er ihn verwundert an.
»Was ist denn jetzt schon wieder? Vor ein paar Tagen haben Sie noch gesagt, zum Lernen sei es nie zu spät.«

Ich möchte, dass ihr einen Aufsatz schreibt«, sagt
Dr. Blumenkohl. »Das Thema heißt: Was würdest
du tun, wenn du reich wärst?«
Nach einer Minute gibt Oskar ein leeres Blatt ab.
»Auf dem Blatt steht ja gar nichts!«, sagt Dr. Blumen-
kohl erstaunt.
Oskar nickt. »Wenn ich reich bin, schreibe ich
garantiert keine Aufsätze mehr.«

Lulus kleine Schwester blättert im Biologiebuch von Lulu.

»Was ist ein Rotkehlchen?«, will sie wissen.

Lulu winkt ab. »Ach, irgend so ein verrückter Fisch.«

»Hier steht aber: hüpft von Ast zu Ast!«, beharrt die Kleine.

Lulu verdreht die Augen. »Da siehst du, wie verrückt der ist!«

Für die Klassenliste sollen alle Drachenkinder aufschreiben, wann sie Geburtstag haben. Kornelius Kaktus geht rum und sieht ihnen über die Schulter. Bei Tita bleibt er stehen.

»Du hast also am 19. Juni Geburtstag«, sagt er.

»Aber in welchem Jahr?«

Tita sieht ihn verständnislos an: »Natürlich jedes Jahr!«

Am Frühstückstisch betrachtet Adele ihren Sohn Oskar.

»Bevor du in die Schule gehst, solltest du dir noch die Hände waschen«, mahnt sie.

Oskar zuckt die Schultern. »Wozu? Ich melde mich sowieso nicht.«

Schwimmstunde in der Drachenbucht. »Wer weiß, was man machen muss, wenn einer von euch plötzlich untergeht?«, fragt Kornelius.

Kokosnuss meldet sich: »Zuerst: Raus aus dem Wasser mit dem Drachenkind. Und dann: Raus mit dem Wasser aus dem Drachenkind.«

Patetikus und Tita stehen in der Pause hinter der Schulhöhle. Patetikus hüpft von einem Bein aufs andere und presst die Knie zusammen.

»Wenn du so nötig aufs Klo musst, warum gehst du nicht?«, fragt Tita.

Patetikus sieht sie entgeistert an. »Doch nicht in der Pause!«

Ferienzeit, schönste Zeit

Oskar ist mit seinen Eltern nach Griechenland gefahren. Im Museum entdeckt er eine antike Statue. Sie heißt »Der Sieger«. Der Figur fehlen ein Arm und das halbe Bein, außerdem die Nase und ein Ohr. Sagt Oskar erschüttert: »Mann, wie muss erst der Verlierer ausgesehen haben!«

Kokosnuss, Oskar und Matilda machen in den Ferien eine Wanderung in den Himmelskratzern. An einem steilen Abhang treffen sie auf einen alten Drachen, der dort in einer kleinen Höhle wohnt.
»Stürzen Wanderer hier oft ab?«, will Kokosnuss wissen.
Der alte Drache schüttelt den Kopf. »Nein, nicht sehr oft, einmal reicht den meisten …«

Duftikus ist zum ersten Mal Zuschauer bei der Tour de France, dem berühmtesten Radrennen der Welt. Verwundert betrachtet er die Fahrer, die sich einen steilen Berg hochkämpfen.

»Warum quälen die sich denn so?«, fragt er einen anderen Zuschauer.

»Na ja, der erste bekommt eine Menge Geld«, erklärt der.

Duftikus schüttelt den Kopf. »Okay, aber warum mühen die anderen sich so ab?«

Matilda und Oskar unterhalten sich über ihre Ferienpläne.

»Ich werde dieses Jahr in den Ferien gar nichts tun«, sagt Oskar. »In der ersten Woche werde ich mich in meiner Hängematte entspannen.«

»Und danach?«, fragt Matilda.

Oskar grinst. »Danach werde ich vielleicht ein bisschen hin und her schaukeln.«

Anna ist zum ersten Mal in England. Es regnet die ganze Zeit. Als sie mit einem englischen Mädchen ins Gespräch kommt, möchte es wissen, wie ihr England gefällt.
»Euer Land ist wirklich schön«, sagt Anna, »aber wegen des vielen Regens solltet ihr es bei Gelegenheit mal überdachen.«

Duftikus darf in den Ferien zur Oma fahren.
»Hast du auch deinen Waschbeutel eingepackt?«, fragt seine Mutter beim Abschied.
Duftikus sieht sie erstaunt an. »Waschbeutel? Ich dachte, ich habe Ferien?!«

Kokosnuss reist mit seinen Eltern nach Schottland. Alle Hotels sind ausgebucht. Nur mit Mühe finden sie eine etwas heruntergekommene Herberge.

»Sie müssen Ihre Betten leider selbst machen«, sagt der Portier. »Wir haben zu wenig Personal.«

»Wenn's weiter nichts ist«, sagt Magnus. »Das ist ja kein Problem.«

Der Portier grinst. »Sehe ich auch so. Da drüben finden Sie Bretter, Hammer und Nägel.«

Lulu, was hast du denn im Sommer gemacht?«, fragt Kornelius, als die Kinder von ihren Ferien erzählen.

Lulu seufzt. »Ich wollte in Spanien Wellenreiten lernen. Aber mein Pferd hat sich geweigert, ins Wasser zu gehen.«

An einem australischen Strand. »Gibt es
hier Seeigel oder Feuerquallen?«, fragt Gisa
den Bademeister.
»Beides«, antwortet der, »aber du brauchst
dir keine Sorgen zu machen, die werden alle
von den Haien gefressen.«

Kokosnuss möchte mit Matilda nach Italien
reisen, um sich römische Bauwerke anzuschauen.
»Sprichst du eigentlich Italienisch?«, fragt
Kokosnuss.
Matilda zuckt die Schultern. »Keine Ahnung, ich
habe es noch nie probiert.«

Kornelius möchte im Urlaub in einem Restaurant zu Mittag essen. Er studiert die Speisekarte und entdeckt prompt einen Rechtschreibfehler. Sofort ruft er den Kellner: »Omelett mit einem ›t‹!«
Der Kellner geht zur Bar und gibt die Bestellung weiter: »Ein Omelett und einen Tee für Tisch vier.«

Willi ist mit seinen Eltern beim Skifahren. Vor dem Lift ist eine lange Schlange. Willi fährt trotzdem direkt bis nach vorne.
»He, nicht vordrängeln«, schimpft einer.
»Stell dich schön als Letzter in die Schlange.«
Willi sieht sich um. »Geht nicht!«
»Und wieso bitte nicht?«, fragt der andere.
»Da steht schon einer.«

Die besten Sprüche aus der Drachenschule

In mir schlummert ein Genie, aber es wacht nie auf.

Wenn mich der Wissensdurst überkommt, setze ich mich still in eine Ecke und warte ab, bis der Anfall vorbei ist.

Ich habe zwar keine Lösung, aber ich bewundere das Problem.

Freiheit für die Lehrer! Sie brauchen mehr Ferien!

Eigentlich weiß ich alles. Es stimmt nur nie.

Denken ist Arbeit, Arbeit ist Energie, und Energie soll man sparen.

Abenddämmerung ist, wenn mir abends dämmert, dass ich noch keine Hausaufgaben gemacht habe.

Schluss mit dem Dividieren, wir teilen nicht gerne!

Eine Kugel ist ein Würfel, bei dem an allen Ecken und Kanten gespart wurde.

Hoch lebe die Schule – so hoch, dass keiner mehr drankommt.

Die Schule ist eigentlich okay, nur die Stunden zwischen den Pausen nerven gewaltig.

Wusstest du schon? Nicht jeder, der einen Vogel hat, ist ein Star.

Mathe: Sechs –
egal, dabei sein ist alles

Warum haben Elefanten rote Augen?«, fragt Tita.
»Keine Ahnung«, sagt Matilda.
»Damit sie sich im Kirschbaum besser verstecken
können«, erklärt Tita.
Matilda zeigt ihr einen Vogel. »Ich habe noch nie
einen Elefanten im Kirschbaum gesehen.«
»Siehst du«, ruft Tita, »so gut können die sich
verstecken.«

Was hat dein Vater denn zu deinem Zeugnis
gesagt?«, fragt Proselinde.
Willi seufzt. »Soll ich die schlimmen Wörter
weglassen?«
Proselinde nickt. »Ja, bitte.
»Also dann hat er nichts gesagt.«

Dr. Blumenkohl möchte im Biologieunterricht über Bienen sprechen.

»Wer kann mir denn sagen, warum die Biene summt?«, fragt er die Drachenkinder.

Gisa zeigt auf. »Vielleicht hat sie ihren Text vergessen?«

Dr. Blumenkohl stöhnt leise und stellt Gisa eine neue Frage.

»Aber bestimmt weißt du, wozu die Biene einen Stachel hat, oder?«

Gisa nickt eifrig. »Damit sie den Honig umrühren kann!«

Oskar stöhnt. »Jedes Mal, wenn ich denke, ich habe alles kapiert, komme ich in eine höhere Klasse, und alles geht von vorne los!«

Kornelius Kaktus liest stirnrunzelnd Duftikus' Aufsatz.

»Also, mein Lieber«, sagt er, »man sagt nicht ›die Uhr tut schlagen‹, sondern ›die Uhr schlägt‹. Und es heißt auch nicht ›das Gespenst tut fliegen‹, sondern ›das Gespenst fliegt‹.«

Da meldet sich Gisa. »Darf ich kurz raus? Mein Bauch weht.«

Wieso beschwert ihr euch über eine Vier?«, fragt Kokosnuss seine Eltern empört. »Eine Vier ist bestanden, bestanden ist gut, und gut ist fast eine Eins!«

Ich habe dir doch gesagt, dass du das Diktat noch zweimal richtig abschreiben sollst, weil du in Deutsch so schlecht bist«, schimpft Kornelius mit Gunda. »Kannst du mir erklären, warum du es nur einmal abgeschrieben hast?«
Gunda zuckt die Schultern. »Ich bin halt auch schlecht in Mathe …«

Wer kennt ein Tier ohne Knochen?«, fragt Kornelius in der Biologiestunde.
»Ein Wurm«, ruft Kokosnuss.
Kornelius nickt erfreut. »Und wer weiß noch ein Tier ohne Knochen?«
Willi meldet sich: »Der Bruder vom ersten Wurm.«

Sagt Matilda in der Pause zu Patetikus: »Wusstest du, dass Mädchen schlauer sind als Jungs?«
Patetikus schüttelt den Kopf. »Nö.«
»Siehst du«, grinst Matilda.

In Deutsch schreibt Proselinde das Wort »Magie«
an die Tafel.
»Wer kann mir sagen, was man darunter
versteht?«, fragt sie.
Großes Schweigen in der Klasse. Schließlich
meldet sich Tilda.
»Das ist doch das Zeug, mit dem man das Essen
würzen kann.«

Auf Klassenfahrt im Schullandheim, morgens
beim Frühstück. Proselinde verzieht das Gesicht.
»Der Frühstückskaffee schmeckt wie Spülwasser!«,
murmelt sie.
»Das ist doch Tee«, antwortet Emma.
Da ruft die Heimleiterin aus der Küche: »Noch
jemand Kakao?«

Warum seid ihr nach der Pause nicht sofort rein-
gekommen?«, fragt Dr. Blumenkohl die Klasse.
»Ich stehe hier und rufe und rufe!«
»Wir können nichts dafür«, erwidert Duftikus
treuherzig. »Wir haben Sie erst beim dritten Mal
gehört.«

In der Pause erzählt Kokosnuss: »Stellt euch vor, gestern habe ich in einen Apfel gebissen, und plötzlich war da ein Wurm.«

Dagobert winkt ab. »Das ist doch gar nichts. Ich habe letzte Woche auch einen Apfel gegessen und habe einen halben Wurm entdeckt.«

Kornelius Kaktus kann es nicht mehr ertragen, dass Willi im Unterricht die ganze Zeit dazwischenredet.

»Willi, zähl doch bitte leise bis zehn!«, schlägt Kornelius vor.

»Wieso?«, fragt Willi.

»Ich hätte gern mal eine halbe Stunde Ruhe.«

In der Pause kommt Duftikus in die Schulhöhle gerannt.

»Dr. Blumenkohl, kommen Sie schnell, Oskar ist ohnmächtig geworden!«, ruft er atemlos.

Der Direktor springt auf und folgt Duftikus nach draußen. »Was ist denn passiert?«, fragt er im Laufen.

»Beim Tischtennisspielen hat sich eine Wespe auf Oskars Kopf gesetzt«, erklärt Duftikus. »Da bin ich zu ihm und habe das Biest mit meinem Schläger erledigt.«

Was ist die Hälfte von acht?«, fragt Dr. Blumenkohl.
»Meinen Sie längs oder quer?«, fragt Dagobert
zurück.
Dr. Blumenkohl sieht ihn verwirrt an. »Wie bitte?«
»Na ja, wenn man die Zahl 8 längs teilt, bleibt
eine 3, wenn man quer teilt, eine 0.«

Magnus nimmt seinen Sohn Kokosnuss ins
Gebet. »Ich verstehe einfach nicht, warum du so
schlecht in Geschichte bist«, klagt er.
Der kleine Feuerdrache sieht ihn entrüstet an.
»Weil Dr. Blumenkohl mich die ganze Zeit Sachen
fragt, die lange vor meiner Geburt passiert sind!«

Wie viel ist 8 + 4?«, will Kornelius von Kokosnuss wissen.
»12«, antwortet Kokosnuss.
Kornelius nickt. »Gut.«
»Gut?«, gibt Kokosnuss zurück. »Das war perfekt.«

Ich habe super Neuigkeiten!«, ruft Kokosnuss.
»Kornelius hat gesagt, wir schreiben heute den
Mathetest, egal ob es regnet oder stürmt.«
Oskar stöhnt. »Und was soll daran super sein?«
Kokosnuss zeigt aus dem Fenster der Schulhöhle.
»Draußen schneit's!«

Kinder, wir werden heute nur einen halben Tag Unterricht machen«, erklärt Kornelius. Die Klasse jubelt. »Die andere Hälfte machen wir dann heute Nachmittag«, fährt Kornelius fort.

Findest du nicht, dass dein Aufsatz etwas kurz geraten ist?«, fragt Proselinde Tita. Die schüttelt den Kopf. »Nein, das ist eine optische Täuschung, das Blatt ist zu lang.«

Der Flugunterricht findet heute ohne mich statt«, verkündet Zita. »So? Das ist mir neu«, erwidert Lehrerin Emma. »Mir auch«, sagt Zita, »aber das ändert leider nichts daran.«

Etwas enttäuscht betrachtet Kikis kleine Schwester den Inhalt ihrer Schultüte. »Und dafür soll ich jetzt 10 Jahre lang jeden Tag lernen?«

Was hast du eigentlich als Erstes in der Schule gelernt?«, will Adele von ihrem Sohn wissen. »Sprechen, ohne die Lippen zu bewegen«, grinst Oskar.

Duftikus brütet schon seit zwanzig Minuten über einer Matheaufgabe.
»Ich krieg's nicht raus, das ist zu schwer«, beklagt er sich bei Kornelius.
Der sieht ihn streng an. »Die Aufgabe können Fünfjährige lösen.«
»Dann ist es ja kein Wunder«, sagt Duftikus erleichtert. »Ich bin schon fast zehn.«

Als Lehrerin Emma die Hausaufgaben von Oskar kontrolliert, stutzt sie.

»Seltsam, das sieht ja aus, als hätte Matilda das geschrieben.«

Darauf Oskar: »Kann schon sein, ich habe mir ihren Stift ausgeliehen.«

Dr. Blumenkohl weiß einfach nicht, was er will«, beschwert sich Lulu.

»Warum sagst du das?«, fragt ihre Mutter.

»Gestern hat er gesagt, 5+5 ist 10, heute meint er, 7+3 ist 10.«

Erschüttert blickt Patetikus' Vater auf das Zeugnis seines Sohnes.

»Ich sehe hier nur Sechser und in Mathe eine Fünf. Kannst du mir das erklären?«

Patetikus nickt. »In Mathe habe ich mich total angestrengt.«

Die Klasse soll ein Bild von einem Pferd auf einer Wiese malen. Nach einer halben Stunde gibt Tita ein leeres Blatt ab.

»Nanu«, wundert sich Proselinde, »wo ist denn das Gras?«

»Das hat das Pferd aufgefressen.«

»Und wo ist das Pferd?«

Tita zuckt mit den Schultern. »Was soll es denn auf der Wiese, wenn es kein Gras mehr gibt?«

Im Deutschaufsatz schreibt Gisa das Wort »Tiger«
klein.
Proselinde ermahnt sie: »Ich habe doch gestern
erklärt, dass man alles, was man anfassen kann,
großschreibt.«
Erwidert Gisa erstaunt: »Haben Sie etwa schon
mal einen Tiger angefasst?«

Papa, du hast Glück«, sagt Duftikus am Ende des
Schuljahrs zu seinem Vater.
»Warum denn?«, wundert sich der Papa.
Duftikus: »Du brauchst mir nächstes Jahr keine
neuen Schulbücher zu kaufen!«

Kornelius erklärt eine ganze Stunde lang, was
Seuchen sind. Am Ende will er von Willi wissen:
»Also, Willi, was sind Seuchen?«
Willi, der wieder mal nicht zugehört hat, überlegt
kurz: »Kleine weibliche Schweine.«

In Biologie sprechen sie über Vögel.

»Was kommt wohl raus, wenn man eine Taube mit einem Papagei kreuzt?«, flüstert Kokosnuss seinem Freund Oskar zu. Der grinst.

»Ein Taugei. Der kann nach dem Weg fragen, falls er sich verfliegt.«

Duftikus hat mal wieder den ganzen Nachmittag vertrödelt, ohne auch nur einmal in ein Schulbuch zu gucken. Er seufzt laut. »Das Blöde am Nichtstun ist ja, dass man nicht weiß, wann man damit fertig ist.«

Matilda flüstert in Oskars Ohr: »Kennst du den Witz von der Frau, die eine Schere verschluckt hat und deren Mann sagt: Macht nichts, dann kaufen wir eben eine neue?«
Oskar schüttelt den Kopf. »Nein, erzähl mal.«

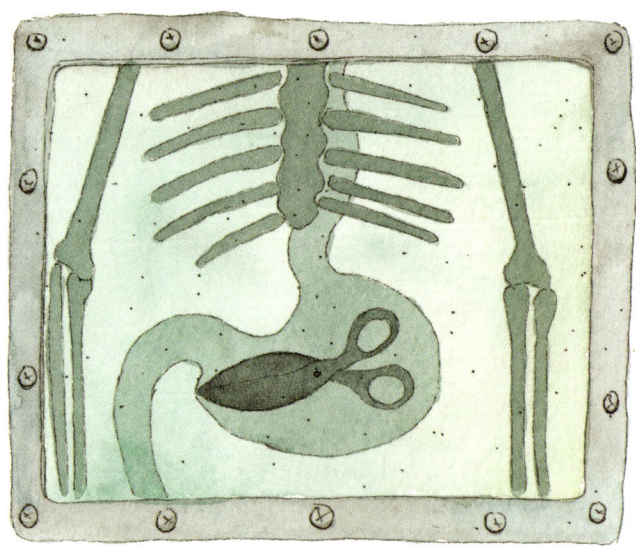

In der Schule gibt es heute Mittagessen, weil am Nachmittag noch eine Stunde Unterricht ist. Duftikus Dickbauch haut ordentlich rein. Beim Nachtisch fragt er an der Essensausgabe:»Kann ich bitte zwei Stück Kuchen haben?« Proselinde lacht.»Klar, schneide dein Stück einfach durch.«

Ein paar der Drachenkinder kommen regelmäßig zu spät in die Schule. Dr. Blumenkohl nimmt die Übeltäter ins Gebet.

»Was können wir tun, damit ihr alle beim Schulgong auf eurem Platz sitzt?«, fragt er. Die Kinder überlegen.

Dann sagt Willi:»Der Gong sollte erst dann schlagen, wenn der Letzte da ist.«

In Erdkunde erklärt Proselinde:»Der Fluss Mo, die Sieben Sümpfe und andere kleine Flüsse fließen ins Meer, außerdem regnet es immer mal wieder. Wir kommt es, dass das Meer trotzdem nicht überläuft?«

Niemand meldet sich.

»Weißt du es?«, fragt Proselinde und sieht Matilda erwartungsvoll an.

Die zögert. »Vielleicht liegt es daran, dass die Fische so viel trinken«, sagt sie dann.

Ist Tinte eigentlich teuer?«, fragt Oskar seinen Vater.

Herbert schüttelt den Kopf. »Nein, so eine Patrone kostet fast nichts.«

»Dann verstehe ich nicht, warum Mama so sauer war, als die Tintenpatrone auf der Tischdecke ausgelaufen ist«, murrt Oskar.

Proselinde studiert mit der Drachenklasse ein Lied für die Schulfeier ein. Es klingt noch reichlich schief.

»Es kann ja passieren, dass ihr euren Einsatz verpasst«, seufzt Proselinde. »Es ist auch nicht schlimm, wenn ihr den Ton nicht trefft. Aber es wäre schon schön, wenn wir wenigstens alle das gleiche Lied singen würden.«

Kornelius Kaktus fragt Willi Wackelbacke in Erdkunde ab. Willi weiß keine einzige Antwort.
»So wie ich das sehe, hast du überhaupt nicht gelernt«, schimpft Kornelius. »Wie lautet deine Entschuldigung?«
Willi: »Na ja, mein Vater sagt, die Welt ändert sich jeden Tag. Deshalb wollte ich warten, bis sie etwas zur Ruhe gekommen ist.«

Ich hoffe, diesmal bist du auf die Klassenarbeit besser vorbereitet«, sagt Kornelius zu Gisa.
Die nickt. »Oh ja, ich bin auf das Schlimmste vorbereitet.«

Kornelius: »Augen auf dein Blatt.«
Oskar: »Ich würde sie aber gern in den Augenhöhlen lassen.«

Ich bin nicht zu spät.
Sie sind zu früh! –
Ausreden für jede Gelegenheit

Warum ich so spät dran bin?«, fragt Oskar grinsend. »Na ja, das Beste kommt halt immer zum Schluss.«

Okay, ich bin zu spät«, gibt Tita zu. »Aber dafür gehe ich nachher auch früher.«

Ich bin bei den Hausaufgaben leider eingeschlafen und erst heute Morgen wieder aufgewacht«, erklärt Patetikus.

Ich wollte mich ja melden«, sagt Anna, »aber mein Arm war eingeschlafen.«

Tut mir leid, dass ich die Hausaufgaben nicht komplett gemacht habe. Aber der Pausengong hat geläutet, bevor ich fertig war«, verteidigt sich Oskar.

Atemlos stürzt Kokosnuss in die Schulhöhle. »Ich bin auf dem Schulweg in den See gefallen. Jemand hat mich gerettet, aber er konnte nicht mich UND den Schulranzen rausziehen ...«

Bei dem Gedanken an die Mathearbeit habe ich total den Kopf verloren«, klagt Zita. »Bis ich ihn wiedergefunden hatte, war die erste Stunde schon vorbei.«

Die Frage ist mir zu leicht«, sagt Willi. »Die möchte ich gerne von einem anderen Schüler beantworten lassen.«

Die Hausaufgaben? Die habe ich an einen dicken Stein gebunden und in den Sieben Sümpfen versenkt, aber es war ein Versehen, ehrlich!«, berichtet Patetikus.

Heute Morgen lag so ein vollgeschmiertes Blatt auf meinem Schreibtisch. Das habe ich weggeworfen, aber jetzt dämmert mir, dass das wohl mein Deutschaufsatz war«, berichtet Gunda kleinlaut.

Tut mir leid, ich habe gerade eine schlechte Phase«, murmelt Willi. »Nach dem Winterschlaf hat mich sofort die Frühjahrsmüdigkeit übermannt.«

Mit leidender Miene erzählt Gisa, warum sie die Hausaufgaben nicht gemacht hat. »Als ich die vielen Zahlen auf dem Matheblatt gesehen habe, wurde mir ganz übel. Den Rest des Tages musste ich im Bett verbringen.«

Kokosnuss hat seine Mathehausaufgaben nicht dabei. »Gestern war es in unserer Höhle so kalt, dass wir ein Feuer gemacht haben. Und dann war plötzlich mein Matheheft weg …«

Ich habe nicht gequatscht. Mein Magen hat geknurrt!«, verteidigt sich Matilda.

Habt ihr den Brief nicht bekommen?«, fragt Patetikus seine Eltern. »Es gibt jetzt nur noch die Noten Vier, Fünf und Sechs, für ›ganz ordentlich‹, ›gerade noch okay‹ und ›nicht ganz so gelungen‹.

Ich konnte gestern nicht kommen, weil es sich so angefühlt hat, als würde ich krank werden«, erklärt Duftikus. »Zum Glück habe ich mich getäuscht.«

Ich kann nichts dafür, dass das Bild im Klassenzimmer von der Wand gefallen ist«, ruft Kokosnuss. »Das ist bloß passiert, weil Oskar sich vor dem Fußball geduckt hat.«

Willi hat immer noch keine Unterschrift von seinen Eltern unter dem Diktat. »Ach nein, das wollte ich denen nicht zeigen«, erklärt er Dr. Blumenkohl. »Sie haben da so viel mit Rot rumgekritzelt, das sieht doch ziemlich unordentlich aus.«

Ich schreibe nicht ab«, erklärt Gisa. »Ich wollte nur kontrollieren, ob Matilda auch das richtige Ergebnis hat.«

Man lernt nie. Aus.

Weiß jemand von euch, woher der Strom kommt?«, fragt Kornelius.

»Aus dem Urwald!«, ruft Willi.

»Wie kommst du denn darauf?«, fragt Kornelius.

»Also gestern Abend gingen bei uns in der Höhle plötzlich alle Lichter aus«, berichtet Willi. »Da sagte mein Vater: Jetzt haben die Affen schon wieder den Strom abgestellt!«

Vater Herbert und Oskar sitzen gemeinsam an den Mathehausaufgaben.
»Ich kapier das Bruchrechnen einfach nicht«, stöhnt Oskar. »Was ist denn nun der kleinste gemeinsame Nenner?«
Sein Vater schweigt einen Moment. »Den habe ich in meiner Schulzeit auch schon immer gesucht«, murmelt er dann.

Kannst du mir sagen, was ein Vakuum ist?«, fragt Emma die kleine Lulu.
Die überlegt angestrengt. »Ich habe es im Kopf, aber ich komm nicht drauf.«

Tiefes Atmen ist gesund und tötet die Bazillen«, erklärt Kornelius.
Lulu meldet sich. »Und wie bekomme ich die Biester dazu, tief zu atmen?«

Duftikus ist bei einem misslungenen Flugstart umgeknickt.

»Das wird schon wieder«, tröstet Fluglehrerin Emma. »Ich würde mich nicht so aufregen, wenn ich mir die Bänder überdehnt hätte.«

»Ja, klar«, erwidert Duftikus. »Wenn Sie sich die Bänder überdehnt hätten, würde ich mich auch nicht aufregen.«

Gisa jammert: »Was soll ich bloß machen, meine Füße sind so kalt.«

»Lauf ein bisschen, dann werden sie warm«, schlägt Proselinde vor.

»Das glaub ich nicht«, erwidert Gisa. »Meine Nase läuft schon den ganzen Tag, und die ist immer noch kalt.«

Beim Elternsprechtag möchte Willis Mutter
wissen, wie sich ihr Sohn in der Schule so macht.
»Nun«, sagt Kornelius vorsichtig, »er wirkt
manchmal etwas verschlafen.«
Die Mutter lächelt stolz. »Das sind bestimmt die
Talente, die in ihm schlummern.«

Hast du die Hausaufgaben wirklich allein
gemacht?«, fragt Kornelius, als er die Hefte
kontrolliert.
Kokosnuss nickt. »Bei uns zu Hause blickt
sowieso keiner durch.«

Die Schule ist aus. Kokosnuss und Oskar über-
legen, was sie am Nachmittag machen sollen.
Kokosnuss: »Lass uns eine Münze werfen. Bei
Kopf gehen wir zum Schwimmen in die Drachen-
bucht, bei Zahl zum Angeln.«
Oskar grinst. »Genau. Und wenn die Münze auf dem
Rand stehen bleibt, machen wir Hausaufgaben.«

Dr. Blumenkohl macht mit der Klasse ein
Chemie-Experiment. Er nimmt eine Münze und
wirft sie in ein Gefäß mit Säure.
»Was meint ihr, wird sie sich auflösen?«, fragt er.
Anna grinst listig. »Glaube ich nicht, sonst hätten
Sie die Münze wohl kaum da reingeworfen.«

Anna, hör bitte auf zu reden, die Pause ist
vorbei!«, mahnt Proselinde.
Antwortet Anna mit vollen Backen: »Ich kann
gar nicht reden, ich esse gerade!«

In Physik will Kornelius erklären, was ein
Magnet ist.
»Wer kennt das? Es fängt mit ›M‹ an und hebt
Gegenstände auf, die herumliegen.«
»Mama!«, ruft Oskar freudestrahlend.

Wollten Sie uns heute nicht was über das Gehirn
erzählen?«, fragt Kokosnuss Dr. Blumenkohl.
Der winkt ab. »Danke, aber ich habe heute
andere Dinge im Kopf.«

Auf dem Sportplatz findet Kokosnuss zwei gebratene Hühnerschenkel und liefert sie bei Kornelius ab. Der bedankt sich:»Prima, die lege ich hier ins Regal. Wenn sich innerhalb des nächsten halben Jahres niemand meldet, kannst du sie aufessen.«

Vor den Ferien werden die Drachenschüler in Deutsch abgefragt.
»Was ist der Unterschied zwischen?«, fragt Kornelius.
»Zwischen was?«, gibt Anna zurück.
Kornelius wedelt ungeduldig mit der Hand.
»Du weißt doch, dass ich nicht helfen darf!«

Der Schulgong ist kaputt. Zum Pausenende ruft Kornelius aus der Höhle:»In zwei Minuten ist jeder im Klassenzimmer!«
Ruft Anna zurück:»Dürfen wir auch in einer Minute reinkommen?«

Etwas gelangweilt blickt Dagobert in der Deutschstunde aus dem Fenster der Drachenhöhle. Plötzlich schreckt er hoch und ruft: »Dr. Blumenkohl …«
Der Lehrer winkt ärgerlich ab. »Pst, stör jetzt nicht«, sagt er streng. »Du weißt doch, dass du nur reden darfst, wenn du gefragt wirst.« Aufgeregt rutscht Dagobert auf seinem Platz herum. »Dann fragen Sie mich doch bitte, ob Proselinde gerade die Treppe heruntergefallen ist.«

Nach der Schule lungert Patetikus noch vor der Schulhöhle herum.
»Warum gehst du nicht nach Hause?«, fragt Kornelius, während er seine Tasche packt.
»Ach, meine Mutter hat schlechte Laune«, winkt Patetikus ab.
»Und warum hat sie schlechte Laune?«, hakt Kornelius nach.
»Weil ich mal wieder nicht nach Hause komme.«

In der Pause geraten Duftikus und Dagobert in Streit.

»Du bist so ein Trottel«, ruft Duftikus.

Dagobert ballt die Fäuste. »Und du bist ein totaler Volltrottel«, brüllt er.

Kornelius geht dazwischen. »Stopp, ihr habt wohl vergessen, dass ich auch noch da bin!«

Die Drachenklasse hat die erste Englischstunde hinter sich, und Patetikus kommt ganz aufgekratzt nach Hause. »Mama, stell dir vor, ich kann schon ›Bitte‹ und ›Danke‹ und ›Guten Tag‹ auf Englisch sagen«, berichtet er.

»Wirklich?«, sagt seine Mutter. »Auf Deutsch konntest du das bis jetzt ja noch nicht so gut.«

Der Schulrat ist gekommen, um die Drachenschüler zu überprüfen. Kurz vor Schluss stellt er auch noch eine Frage: »Bei wie viel Grad kocht Wasser?«

Zita meldet sich. »So bei 200 Grad.«

Kornelius verdreht die Augen. »Wie kannst du so was sagen?«, flüstert er ihr zu.

Zita sieht ihn erstaunt an. »Wieso, darf der das nicht wissen?«